शनि का प्रभाव और ज्योतिष में उपाय

यूनिक बजाज

शनि का प्रभाव और ज्योतिष में उपाय

Book Heading: The Effects Of Saturn & Remedies in Astrology

In Vedic astrology, Shani is called the god of karma or justice. It is the planet associated with quality, perfection, morality, justice, career, achievements in life, values of sattvik qualities. It also represents concern associated with long-term planning or foresight to act. According to Jyotish, where Shani sits in the chart and the planets he sees or the houses of which he is the lord, they have a special focus on them. Let that karma run smoothly, they just see this work. and punished for making a mistake.

ISBN/ASIN:

Cover Design By: Unique Bajaj (Author)

Text Under Book By: Unique Bajaj (Author)

Publisher Details:

Unique Bajaj (Author)

Saraswati Jyotish Vidyapeeth Sansthan

Shop No 6, Old Grain Market

Moga 142001 Pb. (India)

https://sites.google.com/view/khaki-kitab/home

Mobile No 9855190008

Contents

कुंडली के छठे भाव में शनि

कुंडली के सातवे भाव में शनि

कुंडली के आठवे भाव में शनि

कुंडली के नवम भाव में शनि

कुंडली के दसवे भाव में शनि

कुंडली के ग्यारवें भाव में शनि

कुंडली के बारवे भाव में शनि

मेष लग्न में दसवे भाव में मकर राशि का फल

मेष लग्न में ग्यारवे भाव में कुम्भ राशि का फल

वृष लग्न में नवम भाव में मकर राशि का फल

वृष लग्न में दसवे भाव में कुम्भ राशि का फल

मिथुन लग्न में आठवे भाव में मकर राशि का फल

मिथुन लग्न में नवम भाव में कुम्भ राशि का फल

कर्क लग्न में सातवे भाव में मकर राशि का फल

कर्क लग्न में आठवे भाव में कुम्भ राशि का फल

सिंह लग्न में छठे भाव में मकर राशि का फल

सिंह लग्न में सातवे भाव में कुम्भ राशि का फल

कन्या लग्न में पांचवे भाव में मकर राशि का फल

कन्या लग्न में छठे भाव में कुम्भ राशि का फल

तुला लग्न में चोथे भाव में मकर राशि का फल

तुला लग्न में पांचवे भाव में कुम्भ राशि का फल

वृश्चिक लग्न में तीसरे भाव में मकर राशि का फल

वृश्चिक लग्न में चोथे भाव में कुम्भ राशि का फल

धनु लग्न में दुसरे भाव में मकर राशि का फल

धनु लग्न में तीसरे भाव में कुम्भ राशि का फल

मकर लग्न में पहले भाव में मकर राशि का फल

मकर लग्न में दुसरे भाव में कुम्भ राशि का फल

कुम्भ लग्न में पहले भाव में कुम्भ राशि का फल

कुम्भ लग्न में बारवे भाव में मकर राशि का फल

मीन लग्न में ग्यारवें भाव में मकर राशि का फल

मीन लग्न में बारवे भाव में कुम्भ राशि का फल

शनैः शनैः

शनि ग्रह कर्म अर्थात इस धरती के स्वामी है| हम यहाँ कर्म करने और उस से अर्जित पाप और पुण्य के परिणाम के भोग के लिए ही इस धरती पर आते है| शनि जिस भाव में होता है उस के प्रश्न हमारे समक्ष आ कर खड़े हो जाते है | शनि चाहे जन्म के यो ट्रांजिट के उस का असर उतना ही रहता है| शनि प्रतेयक राशि में तीन भागो में अपने रेजिल्ट देते है| 1-10 डिग्री तक जिस राशि में उस के परिणाम प्रेजेंट लाइफ, फिर 11-20 डिग्री होने पर राशि से पांचवे में जो राशि है उस के परिणाम जिसे पास्ट लाइफ कर्म से जाना जाता है| 21-30 डिग्री होने पर राशि से नवम स्थान पर स्थित राशि को मिला कर रिजेल्ट देता है| इसे भविष्य के प्लान के प्रति सजगता और कर्म की रूप रेखा समझना चहिये| शनि के दृति हमारे चार्ट अर्थात कर्म से कभी नहीं हटती और ना ही उसकी साढे साती जीवन से खत्म होती है| चार्ट में जब भी शनि किसी ग्रह को छठी, सातवी, और फिर आठवी नजर से देखते है तो उसे शनि की साढ़े साती ही बोलते है | जिस ग्रह को देखा वो ग्रह तो साढ़े सात साल के लिए कुंडली में ग्रस्त हो गया| और अब उस के परिणाम को हमे अपने कर्म के अनुसार को प्राप्त करना होता है| असल में शनि वह सब है जिसे हम अपने जीवन में पसंद नहीं करते हैं। शनि देरी, निराशा, प्रतिबंध, सीमा और चिंता है। शनि पिछले जन्म से हमारा कर्म ऋण है। शनि वह चीजें हैं जिनके साथ हमने अपने पिछले जीवन में बहुत अच्छा व्यवहार नहीं किया। शनि हमारी चुनौतियाँ और जीवन की सीख है। शनि वृद्धावस्था, मानव शरीर में दांत/हड्डियों, रोग, देरी से होने वाले परिवर्तन आदि का प्रतिनिधित्व करता है। शनि कड़ी मेहनत, प्रयास और सबसे महत्वपूर्ण दृढ़ता का प्रतीक है| जीवन में कड़ी मेहनत का नाम शनि है । असल में शनि हर कार्य में क्वालिटी और परफेक्शन चाहते है

शनि के साथ जीवन में बहुत कुछ बदल जाता है। शनि जिस भी नक्षत्र में स्थित होता है, वहां कड़ी मेहनत, देरी और दृढ़ता देता है। अगर

नक्षत्र स्वामी या राशि स्वामी के साथ शनि के अच्छे सम्बन्ध ना हो तो जीवन परेशानियों से भरा होता है| इससे कोई फर्क नहीं पड़ता कि वह मित्र राशि/नक्षत्र में है या शत्रु राशि/नक्षत्र में है। शनि कहीं भी हो चुनौतियों का प्रतिनिधित्व करता है। ये किसी भी भाव/साइन स्थिति में कभी भी सुविधाजनक या सुखद नहीं हो सकता| शनि एक ठंडा या कठोर ग्रह है। किसी भी भाव/राशि/नक्षत्र में शनि उस भाव से संबंधित कार्य बहुत कठोर या कमजोर फल देने वाले होंगे। असल में शनि सुख के कारक को दूर कर देता है। जिस कार्य में शनि के गुण नहीं उस में केवल दुःख ही है| शनि के गुण विलासिता से परे सजगता, दृढ़ता, क्वालिटी और परफेक्शन, है|

तो आये भाव अनुसार, लग्न अनुसार शनि और उस की राशियों की स्थिति से कर्म और कर्म फल को जानने का प्रयास करते है

शनि भाव फल ज्ञान

कुंडली के प्रथम भाव में शनि

जिस जातक की कुंडली में जब शनि प्रथम भाव में हो तब वह व्यक्ति राजा के समान मस्त जीवन जीने वाला परन्तु थोडा आलसी होता है। यदि शनि अशुभ फल देने वाला है तो व्यक्ति रोगी, गरीब और बुरे कार्य करने वाला होता है। ऐसे जातक यां तो अपने पिता के प्रति आज्ञाकारी नहीं होते यां उस से दूर रहते हो सकते है। प्रथम भाव में शनि वाले जातक अधिकतम एकांतवासी और आविष्कारक होते हैं| ये सत्य प्रिय होते है अगर ये जीवन में मेहनती इंसान हो तो बहुत तरक्की करते है| और आलसी होने पर जीवन में परेशानी के अलावा उन्हें कुछ हासिल नहीं होता| जीवन के सभी प्लान अधूरे रह जाते है| अगर इन्हें कब्ज तो इन्हें हर रोज सेर करनी चहिये जीवन मैं अपने काम को अधूरा नहीं छोड़ना चाहिए |

जिन जातकों की जन्म कुंडली में शनि वक्री होती है वे भाग्य पर निर्भर होते हैं। कहते है की उनके क्रियाकलाप किसी अदृश्य शक्ति से प्रभावित होते हैं। परन्तु असल में ये कन्फुज इंसान होते है|

उपाय :

1. शराब और मांसाहारी भोजन के सेवन से स्वयं को बचायें।

2. शनिवार के दिन न तो तेल लगाए और न ही तेल खायें।

3. शनि देव और हनुमान जी के मंदिर में जाकर यह प्रार्थना करें।

4. शनि दोष निवारण मंत्र का जाप प्रतिदिन करें।

5. हर रोज योग करें

6.जादू टोने तंत्र मन्त्र से दूर रहें

कुंडली के दूसरे भाव में शनि

जिस जातक की कुंडली में दूसरे घर में शनि हो जातक बुद्धिमान, दयालु और न्यायकर्ता होता है। ऐसा जातक धन का भरपूर आनंद तभी लेता पाता है अगर धार्मिक स्वभाव का और मेहनती इंसान हो। जातक की वित्तीय स्थिति भाव में स्थित राशि के अनुसार होगी | दूसरे भाव में शनि जातक को परिवार से दूर भी करता हैं। ऐसा जातक सुख, साधन व समृद्धि की खोज में दूर देश या विदेश की यात्रा की इच्छा रखता हैं। असल में इनका भाग्योदय जन्म स्थान, या पैतृक निवास से दूर होता है ये जातक ना झूठ बोलने वाला, चंचल, परन्तु बातूनी होता है। अक्सर इनमे फोकस की कमी होती है परन्तु अगर ये मेहनती तो ये अपने लिए और परिवार के जीवन में एक स्टैंडर्ड बना देते है

उपाय :-

1. शनिवार अशुभ होने पर को सरसो तेल का दान करें।

2. अपने माथे पर दही या दूध का प्रतिदिन तिलक लगाएं और मांसाहार तथा शराब के सेवन से बचें।

3. सर्प को दूध पिलाएं और उसे कभी मारें।

4. दो रंग वाली गाय या भैंस कभी भी ना पालें, प्रतिदिन

5. शनिवार के दिन किसी तालाब, नदी में मछलियों को आटे की गोली बनाकर खिलाएं।

6. जीवन में कानून ना तोड़े

कुंडली के तीसरे भाव में शनि

कुंडली के तीसरे भाव में शनि हो तो जातक बुद्धिमान और उदार होता है, ये कम बात करते है परन्तु इनकी बात वजनदार हिती है| इनकी स्किल आन्तरिक होती है जिस का सांसारिक संबंध नहीं होता | जातक आलसी शरीर का होता है और एक्शन कमजोर होते है | ऐसे जातक के मन में सदा अशांति बनी रहती है संघर्षपूर्ण स्थितियो और कठोर परिश्रम के बाद भी मिलने वाली असफलता जातक को बहुत पीड़ित करती हैं। ऐसे जातक के भाइयो से तनावपूर्ण संबंध रहते हैं। और जातक को माता पिता से मात्र आशीर्वाद के अतिरिक्त और कुछ भी प्राप्त नहीं हो पाता है। जीवन में कामयाबी के लिये इन्हें सामाजिक नहीं आन्तरिक बात को सुनना चहिये और उसी के अनुसार कर्म करना चहिये| अपने कर्म के प्रति पक्का ना होने पर जीवन में संघर्ष के इलावा इन्हें कुछ नहीं मिलता

उपाय :-

1. शनि के बुरे प्रभावों से बचने के लिए तीन कुत्तों की सेवा करें।

2. घर का मुख्य दरवाजा यदि दक्षिण दिशा की ओर हो तो उसे तुरंत बंद कर दें।

3. प्रतिदिन शनि चालीसा अवश्य पढ़ें ।

4. शराब और मांसाहार का सेवन कदापि ना करें ।

5. मकान के आखिर में एक अंधेरा कमरा बनवाएं और घर में एक काला कुत्ता पालें।

कुंडली के चौथे भाव में शनि

कुंडली में शनि चौथे भाव में हो तो जातक गृह हीन हो जाता है, ऐसे जातक की या तो माता नहीं होती या माता का जीवन कष्टकारक होता है, ऐसा जातक बचपन में सुकड़ा रोग से पीड़ित हो सकता है| यह भाव सुख का भाव माना जाता हैं। जातक घर-गृहस्थी की जिम्मेदारी नहीं निभाता और अंत में संन्यासी जैसा जीवन जीता है। मन में भावनाएँ खत्म सी हो जाती है| चौथे भाव में शनि जातक को पित्त तथा वायु विकार से ग्रस्त रखता है| परिवार के सहयोग की कमी के कारण जातक को व्यापार में अनेक संकट प्राप्त होते है। बुरे योग में तो जातक अपना घर भी नहीं बना पाता | जीवन में कामयाबी प्राप्त करने के लिए जातक को शनि भक्त होना चहिये और हर रोज शनि गायत्री का जप करना चहिये

उपाय :-

1.व्यर्थ की कामनाओं से बचे

2. पराई स्त्री से अवैध संबंध कदापि न बनाएं

3. रात में कभी स्वयं दूध न पीयें।

4. हाथ र गले में चांदी धारण करें।

5. तुला दान दान करते रहें

6. आलस को त्यागे और जीवन में प्रेटीकल रहें

कुंडली के पांचवें भाव में शनि

पंचम भाव में शनि हो तो जातक ईश्वर में विश्वास नहीं रखता है ऐसा जातक उदर(पेट) की पीड़ा से परेशान, घूमने वाला, आलसी होता है पंचम भाव में शनि हो तो जातक का दिमाग बेकार के विचारों से ग्रस्त रहता है| इंसान के संतान प्राप्ति में देरी हो जाती है| इन्हें खुशी हजम नहीं होती और अकसर अपनी किस्मत को कोसते रहते है| परन्तु राशि स्वामी के साथ अच्छा होने पर यही शनि किस्मत का सितारा बना देता है और जातक के पास जीवन की हर खुशी होती है|

पंचम भाव में वक्री शनि हो तो वह अच्छा प्रेम संबंध देता है, इसके बाद भी जातक अपने प्रेमी से धोखा ही पाता है । और जीवन घर बस जाने की इच्छा लिये प्यार के पीछे फिरते रहते है|

अशुभ होने पर उपाय :-

1. चमड़े के जूते, बैग, अटैची आदि का प्रयोग न करें और शनिवार का व्रत करें.

2. काले कपड़े ना पहने

3. हर रोज सूर्य का पाठ करें

कुंडली के छठे भाव में शनि

कुंडली के छठे भाव में अगर शनि हो तो शनि से संबंधित कोई भी कार्य रात में करने से सदा लाभ होता है, जिस किसी जातक की कुंडली में शनि छठे भाव में हो तो वह कामी, सुंदर, शूरवीर, अधिक खाने वाला, शत्रुओं पर विजय प्राप्त करने वाला होता है। ये जातक को आलसी बनता है जिस के कारण इनकी रूटीन खराब होती है | ये अक्सर अपने प्रोमिस पूरे नहीं करते| जिस दिन कर्ज चढ़ जाता है तो जीवन की गति रुक जाती है और सालो निकलने पर भी जल्दी कंट्रोल नहीं होती|

छठे भाव का वक्री शनि रोग, शत्रु एवं कर्ज मुक्ति देता है.

उपाय:-

1. शनि के भक्त बने

2. आंख में काजल डालें

3. हर रोज योग करें

4. जीवन में झूठा वादा ना करें

नोट : वक्री शनि में ये उपाय वर्जित है

कुंडली के सातवें भाव में शनि

ये शुक्र का घर है यदि जातक अपनी पत्नी से अच्छे संबंध रखता है तो वह अमीर और समृद्ध होगा और लंबी आयु के साथ अच्छे स्वास्थ्य का आनंद लेता रहेगा और यदि जातक व्यभिचारी या बिगड़ा हुआ इंसान है या शराब पीने लगता है तो शनि नीच और हानिकारक हो जाता है। यहाँ सामाजिक संबंधों में कमी लाता है जिस के कारण जातक की रोजाना आमदनी कमजोर हो जाती है| यहाँ शनि रिश्तों में पवित्रता चाहता है वो रिश्ते सामाजिक हो या पारिवारिक | भाव स्थित राशि के स्वामी से अच्छे सम्बन्ध ना होने पर जीवन बहुत कमजोर हो जाता है और उस में कोई रस नहीं रहता| यहाँ स्थित शनि में खास बात है की वो रिश्तों को छोड़ने नहीं देता, उस में सुधार की बार-बार डिमांड करता है

उपाय :-

1. शुक्र वार के वर्त करें

2. गाय की सेवा करें

3. हर रोज दही का तिलक लगायें

4. गीले खेत की मिटी पर चलें

5. पर स्त्री से अनैतिक संबंध कदापि न बनाएं।

कुंडली के आठवें भाव में शनि

कुंडली के आठवें भाव में कोई भी ग्रह अधिकतम शुभ नहीं माना जाता है। लेकिन जिस किसी भी जातक की कुण्डली के आठवें भाव में शनि हो तो वह जातक दीर्घायु होगा लेकिन इस का सही अर्थ जीवन की मुश्किलों से लड़ने वाला होता है| जातक के भाई एक-एक करके शत्रु

बनते जाते हैं। यह भाव शनि का मुख्यलय माना जाता है, जिसका अर्थ है यहाँ स्थित शनि इस जन्म और पिछले जन्मो के कर्मो का मुक्ति दाता होता है| ये तभी होता है जब जातक श्री गीता और गरुड़ पुराण जैसे ग्रंथ को जान कर अपनी जीवन प्रणाली में सुधार ले| कर्म करता हुआ ईश्वर प्रति का लक्ष्य पर डटा रहे|

उपाय :-

1. जीवन में सदैव शुभ कर्म करें

2. किसी पत्थर या लकड़ी के आसन पर बैठ कर स्नान करें।

3. शराब व मांस का सेवन ना करें।

4. पीर फकीर, तंत्र जैसे कार्यों से बचे

5. सदैव सब के शुभ का विचार करें, दूसरों के अशुभ करने पर भी टिप्पणी ना करें| कर्म का फल जाने

कुंडली के नौवें भाव में शनि

कुंडली के नौवें भाव में शनि होने पर जातक को जीवन की वास्तविकता का सही ज्ञान रहता है और वो अपने लक्ष्य से भटकता नहीं| अधिक सोच विचार नहीं करता और लक्ष्य के प्रति फोकस्ड रहता है| एक लम्बे और सुखी जीवन का आनंद लेगा| नवम भाव में स्थित शनि जातक धर्म का रक्षक होता है और जीवन को ईश्वर तत्व की और ले जाने वाला होता है| इस भाव में शनि होने भविष्य की योजनाओं में देरी तो होती है परन्तु जीवन में कुछ भी अपूर्ण नहीं रहता ।

उपाय :-

1. आलस्य को त्याग धर्म का आचरण करना चहिये

2. पीले रंग का रुमाल सदैव अपने पास रखें

3. पुखराज गुरुवार के दिन धारण करें।

4. राशि स्वामी से अच्छे संबंध ना होने पर कर्म की क्वालिटी पर विशेष ध्यान देना चहिये

कुंडली के दसवें भाव में शनि

कुंडली के दसवें भाव में शनि लाभदायक होता है, यह शनि का अपना घर है, जहां शनि अच्छा परिणाम देगा इस बात की गारंटी कब है जब जातक कर्म का पक्का हो, जीवन में भावनाओं को जानने वाला हो परन्तु प्रैक्टिकल इंसान भी हो| ऐसे जातक को चतुराई से काम लेना चाहिए तभी उसे शनि से अच्छा लाभ और आनंद मिल पायेगा, दशम भाव का शनि होने पर व्यक्ति धनी या उच्च पद पर उपस्थित होने वाला होता है।

दशम भाव शनि वक्री हो तो जातक वकील, न्यायाधीश, बैरिस्टर, मुखिया, मंत्री या दंडाधिकारी और कभी-कभी ज्योतिष भी होता है।

उपाय :-

1. अपने शरीर को एक्टिव रखे, जिम ज्वाइन करें।

2. पीले रंग का रुमाल सदैव अपने पास रखें।

3. माता पिता का अपमान ना करें

4. फजूल की पार्टी एन्जॉय, लव रोमांस से बचे

5. अपनी स्किल पर भरोसा करें और उसे और अच्छा

कुंडली के ग्यारहवें भाव में शनि

कुंडली के ग्यारहवें भाव में शनि हो तो उस जातक के भाग्य का उदय किसी संस्था के साथ जुड़ने से होगा। जातक अपनी स्किल से धन कमाएगा। अच्छे लाभ के लिए इन्हें लोगो से मिलते रहना चहिये| जिस व्यक्ति की कुंडली में ग्याहरवें भाव में शनि हो तो वह कल्पनाशील अधिक होता है परन्तु जब तक वो प्रेक्टिकल नहीं होता अधिक लाभ नहीं कमा पाता| एकादश भाव का शनि जातक को चापलूस भी बनाता है।

उपाय :-

1. अपना नैतिक चरित्र ठीक रखें।

2. मित्र के भेश मे छुपे शत्रुओं से सावधान रहें।

3. अपने कार्य की रूटीन अच्छी रखे और अपने वादे ना तोड़े

4. कार्यों को बीच में ना छोड़ें

कुंडली के बारहवें भाव में शनि

कुंडली के बारहवें भाव में शनि अच्छा परिणाम देता है। सबसे पहले तो जातक का कोई शत्रु नहीं होता हैं किन्तु यदि जातक शराब पियेगा, मांसाहार करेगा तो शनि खराब फल देने वाला हो जाएगा और बाहरवें भाव में शनि होने पर व्यक्ति अशांत मन वाला होता है| ऐसे लोग अपने काम में मन नहीं लगते परन्तु अगर ये मेहनती हो जीवन में इन के जैसा कोई कामयाब इंसान नहीं|

उपाय : -

1. जातक को ऐसे में झूठ नहीं बोलना चाहिए साथ ही शराब और मांस से दूर रहना चाहिए।

2. धर्म का आचरण करें

3. जीवन में प्रैक्टिकल और प्रोफेशनल रहें

अब लग्न अनुसार शनि की राशि के भाव फल को जाने

मेष लग्न में दसवे भाव में मकर राशि का फल

ये अपने काम के प्रति बहुत प्रेक्टिकल होते है पिता के साथ अच्छे संबंध इन के जीवन में कामयाबी ला सकता है अगर ये मेहनत करे तो यह किसी ऐसे पेशे में हो सकते है जहा इनको बहुत इज्जत और कारोबार मिलता है इनके मित्र इनके काम को बहुत प्रभावित करते है ऐसे जातक किसी अच्छे कारोबार या संस्था से जुड़े हो सकते है परन्तु ये इन की अच्छी सोच और सहनशीलता और कार्य करने की क्षमता पर निर्भर करता है एक अच्छी स्मरण शक्ति और काम के प्रति प्रेक्टिकल होना इनके कारोबार में अच्छी बढ़ोतरी कर सकता है

मेष लग्न में ग्यारवे भाव में कुम्भ राशि का फल

इनका ग्रुप बड़ा इनेंवंटिव होता है इनके ग्रुप में ज्योतिष या एडवांस सोच वाले हो सकते है अपनी इच्छाओ के अनुरूप मेहनत करे तो बहुत लाभ के योग बनेगे जातक की मित्र मंडली इन के जीवन को प्रभावित करती है जो इन्हें जीवन के उच्च स्तर या निम्न स्तर पर ला कर खड़ा कर सकती हैं इन की इच्छाए भविष्य के साथ जुड़ी होती है इन्हें कई प्रकार के कामो की ज्ञान होता है इन्हें बंदिश में रहना पसंद नही होता

ये हर कार्य को विश्वास और आज़ादी के साथ करते है

वृष लग्न में नवम भाव में मकर राशि का फल

ये अपने आने वाले समय को बहुत अच्छे से प्लान करते है| ये बहुत सीरियस या भोतिकवादी हो सकते है| कारोबार के किये ये लंबी यात्राये कर सकते है, परन्तु लाभ के लिए इन्हें अपने प्लान और यात्रा के समय गुप्त रखने चहिये| अगर ये अपने काम में ईमानदार और अनुसाशन प्रिय हो जीवन में बहुत लाभ हो सकता है| फौरन या दूर के स्थानों पर इन के अच्छे लिंक हो सकते हैं| इनके ससुराल वालो का अच्छा स्टेटस हो सकता है, परन्तु एक दम से सब खत्म भी हो जाता है|

वृष लग्न में दसवे भाव में कुम्भ राशि का फल

इनकी इच्छाये और लाभ कारोबार से ही जुड़े होते है| ये अपने कारोवार के मामले बहुत रिसर्च भी करते है| इन कारोबार दोस्तों या किसी ग्रुप के साथ हो सकता है| इन के कारोबार या कंपनी या सोसाइटी का समबन्ध विदेश से या किसी अन्य फेमस कम्पनी से जुड़ा हो सकता है| इन्हें कई विषयों के बारे में जानकारी होती है| अगर ये मेहनती इंसान हो तो इन के कॉन्टेक्ट्स बहुत होते है जिस का कारोबार में अच्छा लाभ मिल सकता है|

मिथुन लग्न में आठवे भाव में मकर राशि का फल

इन को पिता से या इनकी तरफ से पिता को तकलीफ हो सकती है यां पिता की आयु छोटे होने के योग होते है| इनके जन्म के समय इनके पिता का कारोबार में अचानक लाभ या हानि हो जाती है, कई बार तो पूरे सिस्टम में ही परिवर्तन आ जाता है| ग्रुप या संस्था से जुड़े होने पर लाभ या हानि पर के योग बनते है जातक को जीवन में कामयाबी तभी

मिलती है अगर वो मेहनती और अपने काम को अच्छे प्रोफेशनल तरीके से करे तो ही लाभदायक परिणाम मिलते है| इन्हें अपने कारोबारी सीक्रेट गुप्त रखने चहिये ऐसा ना करने पर लाभ की बजाये हानि हो जाती है| बुरे योग इनका कोई कारोबार नही चलता और बहुत अडचनों का का सामना करना पड़ सकता है| इन्हें ध्यान देना चहिये की इन का सोशल स्टेटस गड़बड़ होने देर नही लगती| अक्सर इनका कारोबार में दिया उधार फ़स जाता है|

मिथुन लग्न में नवम भाव में कुम्भ राशि का फल

इनके मित्र या ससुराल अलग धर्म के हो सकते है| इनको ग्रुप या अस्सोसिएशन धार्मिक हो सकते है, खराब योग में इन की सोच नैगटिव हो सकती है| इनका ग्रुप या ये स्वयं इसी अडवांस स्टडी के जानकार हो सकते है| इन्हें कई विषयों के बारे में जानकारी होती है| इन का तालमेल अच्छे और बड़े कारोबारी लोगो के साथ हो सकता है| ये चाहते है की इन कारोबार कई स्थानों पर हो परन्तु प्रोफशनल अप्रोच में कमी के कारण इन्हें तकलीफ आ जाती है| जीवन में कामयाबी के लिए इन्हें अच्छे प्रोफशनल रिलेशनशिप रखने होते है, ऐसा करने से इनके जीवन में अच्छे लाभ के योग बनते है

कर्क लग्न में सातवे भाव में मकर राशि का फल

ये चाहते है की इन का लाइफ पार्टनर अच्छा प्रोफेशनल और स्टेट्स वाला हो| इन का मैरिज पार्टनर बड़े गंभीर सवभाव के हो सकते है असल में एक इमोशनल दूसरा प्रेक्टिकल दो इंसानों की जोड़ी है इनकी शादी के समय कई बार रिश्तेदारों में या कार्य स्थल में कुछ गड़बड़ आवश्य हो जाते है इन के पब्लिक रिलेशन अच्छे हैसिअत वाले लोग या कारोबारी लोग हो सकते है

कर्क लग्न में आठवे भाव में कुम्भ राशि का फल

इन्हें कई विषयों पर ज्ञान होता है परन्तु अपनी इच्छाओ की पूर्ति के लिए उस का इस्तेमाल नही कर पाते जीवन में इच्छाओ के लिए काफी इन्हें स्ट्रगल करना पढता है जीवन में प्राप्तिया और लाभ के लिए ये अक्सर फिक्रमंद रहते है इन के पास कुछ अलग प्रकार की एंटीक वस्तु को संग्रह हो सकता है| इनकी शादी के समय इन के पिता प्रभावित होते है| अच्छे कारोबार वाले लोगो के साथ इन के संबध हो सकते है परन्तु इन के खुद के बिजनेस में तकलीफे रहती है | बुरे योग में अपना धन भी कारोबार में फस जाता है| इनके मित्र मंडली में से कोई गुप्त विद्या के जानकर हो सकते है परन्तु इन्हें उनके चक्कर में नही पड़ना चहिये अन्यथा कारोबार में हानि हो सकती है|

सिंह लग्न में छठे भाव में मकर राशि का फल

शादी के बाद इनके पिता या पत्नी की सेहत में खराबी आ सकती है ये पिता से या इनके पिता इन से पीड़ित या चिंतित रह सकते है डेली रूटीन इन को और इनके पिता के कारोबार को प्रभावित कर सकती है अगर से कारोबार को और डेली रूटीन को इमानदारी और डिसिप्लिन से निभाये तो बहुत तरक्की हो सकती है, कारोबार में प्रसिद्दी प्राप्ति लिए कर्ज ले सकते है जिस कारण ये पीडित हो सकते है इन्हें ये याद रखना चहिये की इन का जन्म मेहनत करने के लिए हुआ है अगर ये इस रहस्य को जान लेंगे तो ये अच्छे और स्टेंडर्ड लोगों के साथ काम करेगे | आलस इन के लिए हानि कारक सिद्ध हो सकता है इन्हें घुटने की तकलीफ हो सकती है | जीवन में कामयाबी के किये इन्हें अपनी ब्रांड इमेज कभी खराब नही होने देनी चहिये|

सिंह लग्न में सातवे भाव में कुम्भ राशि का फल

इनके नानके इन की शादी को प्रभावित कर सकते है इनकी शादी की बात किसी ग्रुप में या भीड़ वाले स्थान पर हो सकती है अक्सर इन की शादी में कुछ एंटीक एक्टेविटी भी होती है इनकी शादी किसी नौकरी पेशा के साथ हो सकती है शादी के बाद सेहत में खराबी आ सकती है खुद, पिता या पत्नी तीनो से कोई एक को शुगर जैसे रोग हो सकते है या टेंशन भी हो सकती है इन की पत्नी किसी ग्रुप से जुडी हो सकती है इन्हें या इन की पत्नी को किसी ग्रुप के साथ मिल कर कार्य करने से आमदनी हो सकती है | अक्सर इनकी पत्नी या पार्टनर को कई विषयों का ज्ञान होता है और वो खुले विचारो के होते है |

कन्या लग्न में पांचवे भाव में मकर राशि का फल

इनके पिता का कारोबार इनके जन्म के समय प्रभावित होता है अगर ये नौकरी किसी अच्छे ग्रुप में करते है तो इनकी किस्मत अच्छी हो सकती है और अगर ये कारोबार करते है उसे बड़े प्रेम से करते है और उस में एक सचाई और ईमानदारी चाहते है बच्चे होने के बाद इन के भाग्य और सम्मान और कारोबार में वृद्धि हो सकती है| कारोबार इन के भाग्य को बहुत प्रभावित करता है इस लिए इन्हें चहिये की कार्य शुरू करने से पहले अपने जन्म चार्ट को अच्छे से चेक करवा ले

कन्या लग्न में छठे भाव में कुम्भ राशि का फल

इनका नेटवर्क बहुत बड़ा होता है और इन्हें कई विषयों के बारे में जानकरी होती है|परन्तु इनकी रोजमर्रा जिन्दगी परफेक्शन से प्रभावित होती है अगर ये अपनी डेली रूटीन ठीक रखते है तो इनकी किस्मत अच्छी हो होती है ये किसी ग्रुप से जुड़े हो सकते है या इन का कारोबार ऐसा होता है जिस में बहुत से लोगो से सम्बन्ध स्थापित हो| अक्सर ऐसे लोग कोई भी कार्य करने से पहले उस के लाभ के बारे में अच्छी प्लानिग कर लेते है

तुला लग्न में चोथे भाव में मकर राशि का फल

घर का वातावरण गंभीर और बिजनेस माईन्डड हो सकता है इनकी जिम्मेदारी इनके घर और घर के वातावरण और किस्मत को प्रभावित करती है ये जो कार्य करते है उसे प्रेफ्क्ट्ली पूरा करना चाहते है इन के परिवार का अपने सर्कल में अच्छा रुतबा होता है इन्हें घर में ब्रेंडड आइटमों ला कर रखने का शोंक होता है

तुला लग्न में पांचवे भाव में कुम्भ राशि का फल

इन के बच्चे समझदार और खोजी होते है जब भी ये या इन के बच्चे रोमांस करते है तो इनके परिवार को पता चाल जाता है इन के अपने या इन के परिवार में जुड़वाँ बच्चे होने के योग होता है परन्तु ऐसा समय अनुसार ग्रहों की स्थिति पर निर्भर करता है इन की किस्मत और परिवार किसी ग्रुप या संस्था से प्रभावित हो सकती है इन्हें अपने दोस्तों के साथ पार्टी एन्जॉय करना अच्छा लगता है|

वृश्चिक लग्न में तीसरे भाव में मकर राशि का फल

इनके रिश्तेदार, सम्बन्धी या पड़ोसी इज्जतदार या ओहदेदार हो सकते है ये सीरियस विचारो होते सकते है| असल में इनकी सोच बड़ी प्रोफनल होती है | इनके जन्म के समय परिवारिक प्रोपटी साझेदारी हो सकती है या परिवार बड़ा हो सकता है जीवन में प्राथमिक शिक्षा में ये थोड़े आलसी होते है| छोटी आयु मे ही ये कारोबार की तरफ आकर्षित हो जाते है| इन में सहनशीलता का गुण हो तो जीवन में बहुत तरक्की करते है

वृश्चिक लग्न में चोथे भाव में कुम्भ राशि का फल

इनके घर में लोग इन्वेंटिव होते है जन्म के समय इन का परिवार सयुक्त हो सकता है ज्यादातर ये कमर्शियल मामलो किसी ग्रुप से जुड़े कार्यो में अपना समय लगते है इन के परिवार के सदस्यों को कई प्रकार का ज्ञान होता है इन की ज्यादातर इच्छाये अपने परिवार और घर के लिए होती है ये चाहते है की परिवार में आपसी मेल-जोल और अच्छे समबध हो| इन का परिवार अडवांस माइंड हो सकता है ऐसे ऐसे लोग पुरानी रीती रिवाजो पर कम ही ध्यान देते है

धनु लग्न में दुसरे भाव में मकर राशि का फल

इनका परिवार बिजनेस माइंडेड हो सकता है परिवार के लोग मेहनती होते है अगर ये मेहनती हो तो इनका का कारोबार बहुत अच्छा हो सकता है ऐसे जातक अपने कारोबार के कारण अच्छा सम्मान प्राप्त करते है इन का ध्यान कारोबार और प्रोफेशनल प्रॉपर्टी की तरफ रहता है इन्हें ग्रुप में कार्य करने से धन की प्राप्ति होती है अक्सर काम की शुरुआती मुद्दों पर अपनी उर्जा अधिक खर्च करते है| इन्हें और इनके परिवार को अपने घर की बाते बाहर के लोगो के साथ नही करनी चहिये

धनु लग्न में तीसरे भाव में कुम्भ राशि का फल

ऐसे जातक की सोच कई विषयों में जानकारी वाली हो सकती है अक्सर इन के पास कई प्रकार अध्यन के नोट्स होते है ये किसी ग्रुप में प्रेसिडेंट हो सकते है इनकी कमाई का सम्बन्ध दोस्त रिश्तेदार ग्रुप हो सकते है इससे इनकी आमदनी में बढ़ोतरी हो सकती है इन के मित्र इन्हें ग्रुप के साथ जोड़ने में सहायता करते है इन के मित्र अच्छे प्रोफेशनल हो सकते है इनको विचारो में धार्मिकता हो सकती है | ये धर्म को माने वाले और खुले विचारो के होते है, इनके जीवन में वहम का कोई विशेष स्थान नही होता |

मकर लग्न में पहले भाव में मकर राशि का फल

ये बिजनस और स्टेटस के बारे में ज्यादा सीरियस होते है अपने कारोबार के लिए ये नई प्लानिंग बनाते रहते है धन कमाने के बारे में ये खोजी दिमाग के होते है ये अपनी वजह से पैसे कमाते है अर्थात स्वय कर्म कर आगे बढ़ने में विश्वास करते है इन्हें कई विषयों के बारे में जानकारी हो सकती है ऐसे जातक मोका परस्त परन्तु आलसी भी होते है इन्हें झूठ से नफरत होती है ये चहाते है जो भी बात हो वो क्लियर हो

मकर लग्न में दुसरे भाव में कुम्भ राशि का फल

वह जॉइंट फॅमिली से होते है इनके ज्यादा रिश्तेदार हो सकते है इन की प्रॉपर्टी और धन शेयरिंग में होती है इन का कमाई का तरीका मित्रो या भाई बहनो या ग्रुप के साथ हो सकता है इनको किसी ग्रुप, परोनिक विज्ञान या किसी रिसर्च या टेक्नोलॉजी से जुड़े कार्यो से आमदनी हो सकती है ये अपनी इच्छाओ और धन कमाने के मामलो के प्रति बहुत सजग होते है

कुम्भ लग्न में पहले भाव में कुम्भ राशि का फल

ऐसे जातक दिखने में थोड़े बड़े और मेच्योर लगते है ये बहुत ठहरे हुए और डीप इन्सान होते है ये अपना सब कुछ दुसरो को देने के लिए तेयार हो जाते है ये खोजी दीमाग के होते है इन्हें कई विषयों पर जानकारी होती है इनकी की सोच यूनिक होती है ये दुसरो से अलग सोचते है इनकी सोच एडवांस भी हो सकती जिस कारण ये कुछ नया करना चाहते है | इन की सोच में कार्यो के प्रति लाभ छुपा होता है अपनी इच्छाओ की पूर्ती के लिए ये प्रयास करते रहते है ये किसी संस्था के प्रधान पद पर भी हो सकते है कारोबार के मामलो में इन्हें

कनफूजन बनी रहती है

कुम्भ लग्न में बारवे भाव में मकर राशि का फल

इन्हें अच्छी नोलज होती है परन्तु फिर भी इन्हें इज्जत को हानि हो सकती है इन के कारोबार के परपोजल पर कोई ध्यान नही देता ये कारोबार में बहुत रिसर्च करते है पर उसे अपने जीवन में अप्लाई नही कर पाते खराब योग में ये अपने पिता को को धोखा देते है या इनके पिता इनको धोखा दे सकते है इनके पिता ढोंगी नशेडी या अध्यात्मिक हो सकते या बीमारी से परेशान हो सकते है एक आयु आने पर ये सब इन के साथ भी हो जाता है

मीन लग्न में ग्यारवें भाव में मकर राशि का फल

इनकी इच्छा एक अच्छा बिजनेसमेन बनने की हो सकती है ये सब से सम्मान की इच्छा रखते है कारोबार के मामलो में इन्हें इन्हें कई विषयों का ज्ञान होता है इनके दोस्त या जानकार इज्जतदार और बिजनेसमेन होते है इन्हें उनके कारण सहयोग और सम्मान मिलता है ग्रुप में इन कारोबार / काम में अच्छा स्टेटस हो सकता है इनके पिता का सम्बन्ध भी किसी संस्था से जुडा हो सकता है उन का अपने जीवन में एक अच्छा नेटवर्क होता है

मीन लग्न में बारवे भाव में कुम्भ राशि का फल

इनके रिश्तेदारों का सम्बन्ध जेल अस्पताल या फोरन से हो सकता है इनकी मित्रता अडवांस सोच या रहस्यमय विद्या की जानकरी वालो से हो सकती है इन की अडवांस नोलेज इन की लाइफ में कनफूजन को बढ़ती है अपने जीवन में बहुत से लोगो का मेल जोल इन्हें जीवन में आगे नही बढ़ने देता | जीवन में तरक्की प्राप्त करने के लिए इन्हें अपनी इच्छाओ पर काबू पाना होगा

क्रम-सूची